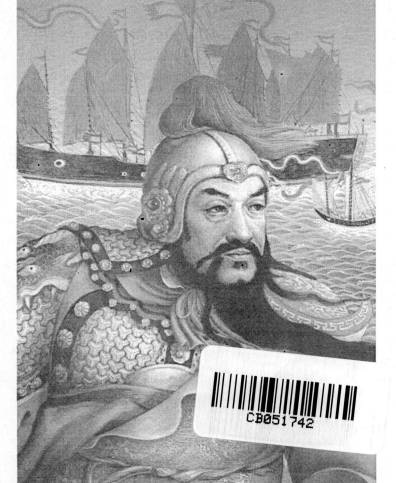

A Arte da GUERRA

SUN TZU

© Publicado em 2016 pela Editora Isis.

Revisão de textos: Rosemarie Giudilli
Diagramação e capa: Décio Lopes

DADOS DE CATALOGAÇÃO DA PUBLICAÇÃO

Tzu, Sun

A Arte da Guerra/Sun Tzu | 1ª edição | São Paulo, SP | Editora Isis, 2016.

ISBN: 978-85-8189-086-9

1. Conhecimento Geral 2. Cultura Oriental 3. Estratégia
I. Título.

Proibida a reprodução total ou parcial desta obra, de qualquer forma ou por qualquer meio seja eletrônico ou mecânico, inclusive por meio de processos xerográficos, incluindo ainda o uso da internet sem a permissão expressa da Editora Isis, na pessoa de seu editor (Lei nº 9.610, de 19.02.1998).

Direitos exclusivos reservados para Editora Isis.

EDITORA ISIS LTDA
www.editoraisis.com.br
contato@editoraisis.com.br

Sumário

Introdução 7
I. Planificação Inicial 19
II. A Batalha 25
III. Estratégia Ofensiva 31
IV. Táticas de Posicionamento 37
V. Força Estratégica 41
VI. Vacuidade e Consistência 45
VII. Manobras táticas 53
VIII. As Nove Variedades Táticas 61
IX. Mobilização das Tropas 65
X. O Campo de Batalha 75
XI. Os Nove Tipos de Campos de Batalha ... 83
XII. O Ataque com Fogo 95
XIII. Inteligência e Espionagem 99

Introdução

Sun Tzu e seu Tempo

Os historiadores têm se questionado se Sun Tzu foi ou não uma figura histórica autêntica. Tradicionalmente, é situado no período de Primavera e Outono (722 – 404 a. C) da dinastia Zhou, como general a serviço do rei Helü de Wu, que viveu entre os anos 544 e 496 a. C.

Para entender o surgimento da sua obra e sua profunda influência posterior, há que levar em conta a época e a natureza inerentemente bélica do povo chinês.

Durante o período de Primavera e Outono, caracterizado pelo crescimento econômico e demográfico, os vassalos permaneceram envolvidos em guerras intermináveis.

A produção de cereais incrementou-se rapidamente graças à fabricação de utensílios agrícolas, à generalização da lavoura com bois aos avanços da engenharia hidráulica.

Mas este foi também um período transitório marcado também pela desintegração da sociedade tradicional da dinastia Zhou Ocidental.

A partir de 403 a. C., ano em que a raiz da divisão territorial de Jin surgiu, os Estados de Zhao, Wei e Han entraram no período dos Reinos combatentes.

Conforme os expertos, foi nesse tempo, quando o texto de Sun Tzu ficou elaborado em sua forma atual graças à colaboração dos seus discípulos e comentadores posteriores.

Nessa época, dezenas de pequenos e medianos territórios vassalos exterminaram-se uns aos outros em incessantes guerras de anexação às quais só sobreviveram os sete mais poderosos.

Os intermináveis anos de luta não impediram nem o avanço da cultura, nem o surgimento de nova camada social, conhecida como os shi, formada por homens de letras, cujas atividades impeliram o desenvolvimento da vida cultural e acadêmica.

Com eles a filosofia da antiga China chegou ao seu primeiro apogeu.

Além de fomentar o progresso econômico e político da época, a dinâmica rivalidade entre as poderosas escolas de pensamento exerceu uma influência tão poderosa que chegou inclusive até nossos dias.

Entre as que gozaram de maior predicado figuram o confucionismo, com seus grandes mestres, Confúcio e Mêncio; o taoísmo, representado por Lao Zi e Zhuang Zi; a legislação fundada por Han Fei e a escola de Mo Di, muito próxima do materialismo.

Estátua de Sun Tzu

Não é de estranhar que o texto de Sun Tzu se visse influenciado por essas correntes e que, assim mesmo, seu legado ficasse gravado nelas. Há que pensar que a obra de Sun Tzu é um tesouro nacional na China, desde então conhecida e respeitada.

Já em 230 a. C., o Rei de Qin empreendeu a conquista do país.

Ao final de nove anos, quer dizer, em 221, terminou por se impor aos outros seis Estados e reunificou a China, assim colocando um ponto final a seis séculos de divisão.

De acordo com Ralph D. Sawyer, é muito provável que Sun Tzu tivesse existido realmente e que não só tivesse sido general, como se pensa, mas que também tivesse escrito o núcleo principal do livro que traz seu nome. Sawer sustenta que seus ensinamentos foram provavelmente transmitidos durante gerações por sua família ou por sua pequena escola de discípulos, incluindo seu descendente Sun Bin e que se revisaram e ampliaram mais tarde.

A Influência da Arte da Guerra como manual de estratégia militar

A Arte da Guerra é o primeiro estudo conhecido sobre estratégia militar, e durante dois mil anos foi e continua sendo um dos mais importantes tratados de sua classe.

O texto é composto por treze capítulos, cada um deles dedicado a um aspecto concreto do enfrentamento bélico.

Sun Tzu cria uma verdadeira obra de arte através de aforismos e elucubrações de uma profundidade insuperável. Abarca todos os aspectos possíveis que possam influir no resultado da guerra. Não só como aqueles relacionados com as manobras no campo de batalha, assim também outros fatores iniludíveis para seu desenvolvimento, como a influência econômica, a climatológica ou do terreno e detalhes mais sutis como os interesses políticos e a fortaleza psicológica.

Os princípios expostos por Sun Tzu têm sido adaptados de forma efetiva por grandes líderes militares asiáticos: Mao-Tsé-tung, Giap e Yamamoto. Também se lhe creditou sobre sua influência em Napoleão e no exército alemão durante a Segunda Guerra Mundial.

Líderes tão díspares como o barão Antoine-Henri Jomini, o general Douglas Mac Arthur ou dirigentes do Japão imperial se inspiraram em sua obra.

A Arte da Guerra Aplicada ao Mundo de Hoje

Sendo um dos tratados mais famosos sobre estratégia militar, *A Arte da Guerra* teve uma profunda influência no desenvolvimento da planificação bélica, tanto no Oriente quanto no Ocidente.

Não obstante, não foi até finais do século XVIII quando chegou à Europa, graças à tradução ao francês por parte do jesuíta Jean Joseph Marie Amiot.

A primeira tradução de prestígio ao inglês, cujo valor acadêmico segue vigente em nossos dias, a fez Lionel Giles em 1910.

Nos últimos tempos foi traduzida repetidamente a quase todos os idiomas e tem interesse universal.

Jean Joseph Marie Amiot

Além do mais, ganhou ultimamente aceitação no mundo corporativo, em particular no contexto das práticas de negociação comercial.

Muitos líderes empresariais escreveram adaptações particulares desta obra focadas nas finanças e na gestão de equipes e projetos.

Também foi objeto de estudo em numerosos livros de direito e artigos jurídicos sobre o processo judicial, cuja aplicação mais certeira se dá no terreno das táticas de negociação e das estratégias de jurisprudência.

De fato, o inapelável sentido comum depreendido de Sun Tzu nesta obra pode se adaptar praticamente a todos os terrenos da vida, que é, no final das contas, um campo de batalha de múltiplos aspectos.

O Taoísmo na Arte da Guerra

Ainda que *A arte da Guerra* seja um tratado primordial sobre estratégia e tática militares, não é exclusivamente um livro sobre teoria militar.

Os ensinamentos do taoísmo, especialmente do *I Ching* e do *Tao Te Ching* impregnam suas páginas.

De fato, Sun Tzu considerava a guerra como um mal necessário que se devia evitar sempre que fosse possível: "Se não estás em perigo, não lute".

Adota-se sempre um enfoque em avanço entre o racionalista e o minimalista que pretende oferecer uma perspectiva sobre como entender a natureza dos conflitos para achar sua resolução, ou no melhor dos casos, para evitar que se produzam.

Assim, pois, a filosofia taoísta que transmite Sun Tzu insiste na necessidade de evitar o conflito e na dupla recompensa que significa obter a vitória sem destruir o inimigo: "Portanto, achar a excelência não consiste em vencer em todos os combates; a suprema excelência alcança-se ao submeter o inimigo sem liberar batalha alguma contra ele".

E também: "Trate bem os soldados apressados e preste-lhes atenção. Isto é chamado de vencer o adversário incrementando suas próprias forças".

Este enfoque espiritual e ao mesmo tempo pragmático põe maior ênfase na força organizadora do que nos talentos e habilidades individuais, o que é particularmente útil no contexto da gestão dos recursos humanos: Dirigir muitos é o mesmo que dirigir alguns poucos: trata-se de uma simples questão de organização e das disputas complexas. "Jamais se viu uma batalha cuja duração tenha sido prolongada no tempo e da qual um país tenha saído beneficiado".

Provavelmente em muitos pontos do texto, a sensação que se depreende é de um profundo conservadorismo.

Provocar uma guerra é sempre a última opção e somente se aconselha a entrar nela quando as opções de vitória são seguras e não restam alternativas.

O certo, porém, é que a maturidade do pensamento de Sun Tzu nem sequer pode ser imaginada hoje. Somente alguém que experimentou o horror do conflito armado trata por todos os meios de evitá-lo e é assim como o expressa:

> *Unicamente aqueles que sejam totalmente conscientes dos perigos que entranha a utilização das armas poderão ser igualmente conscientes das vantagens de servir-se delas.*

Como Sir Basil Henry Liddell Hart, o famoso estrategista militar britânico e historiador, sinaliza no seu prólogo a uma edição de 1963 de *A Arte da Guerra:*

[...] os ensinamentos de Sun Tzu são a melhor introdução breve para o estudo da guerra, mas não por isso, são menos valiosos para tê-los como referência constante na ampliação do seu estudo.

Em qualquer caso, os ensinamentos de Sun Tzu vão muito mais além e constituem um caderno de estudo básico para a análise do homem e sua psicologia em relação com o agreste onde habita.

Capítulo I

Planificação Inicial

Sun Tzu disse:

I

A guerra é uma questão de vital importância para o Estado; é o domínio da vida ou da morte, a via para a sobrevivência ou a extinção. É forçoso, portanto, que em nenhum caso seja descuidada.

II

A guerra rege-se por cinco fatores fundamentais que se devem ter em conta na hora de valorizar entre as diversas condições das tropas rivais. O primeiro desses fatores é a virtude; o segundo, o céu; o terceiro, a terra; o quarto o comando; o quinto, a disciplina.

III

A virtude é aquilo que faz com que o povo esteja em completa harmonia com seu governante, de modo que o siga fielmente sem temer a morte ou qualquer perigo.

O céu é a interação das forças naturais, a noite e o dia, o frio e o calor, os dias claros ou chuvosos e a forma pela qual se há de operar conforme a mudança das estações.

A terra faz referência à proximidade ou distância do terreno, à sua acessibilidade ou inacessibilidade, a se nos enfrentamos em campo aberto ou espaços fechados e às oportunidades de derrota ou sobrevivência.

O comando é uma questão de sabedoria, sinceridade, benevolência, coragem e severidade.

A disciplina deve ser entendida como organização, controle, consignação de suas determinadas fileiras aos oficiais, regulamentação das rotas de fornecimento e provisão do material necessário para o exército.

Não existe general que não tenha ouvido falar desses cinco fatores, não obstante, só aqueles que o dominem vencerão e os que não o hajam serão vencidos.

IV

Portanto, ao planificar a estratégia, quando estiver tratando de determinar as condições em que haverá de enfrentar seu oponente, compare os seguintes elementos detendo-se em cada um deles com o máximo cuidado:

- Quem possui o soberano dotado de maior virtude?
- Quem é o general com o maior talento?
- Que destacamento desfruta de maiores vantagens sobre o céu e a terra?
- Que exército se comporta com mais disciplina e obediência?
- Que tropa é a mais poderosa?
- Que exército dispõe de oficiais e soldados mais bem treinados?
- Quem aplica recompensas e castigos de forma mais justa?

Refletindo sobre essas questões, pode-se prever qual das tropas resultará vitoriosa e qual a derrotada.

O general que siga mais conselhos e os aplique, vencerá. Será ele o guia que estará no comando de nossas tropas.

Aquele que os ignore e não os ponha em prática, certamente será derrotado. Esse outro deverá ser destituído.

V

Depois de compreender as vantagens de planificar a estratégia, o general deve criar uma situação que contribua ao seu cumprimento.

Por "situação" quero dizer que deve atuar de acordo com aquilo que é vantajoso e assim, lograr um controle do equilíbrio.

VI

A arte da guerra baseia-se no engano. Portanto, quando estiver em disposição de atacar, aparente não estar; quando se movam as tropas, aparente estar quieto.

Se estiver próximo do inimigo, faça-o crer que está distante.

Se se encontra afastado, que pense que está perto. Crie engodos para atraí-lo.

Finja estar em confusão e não lhe conceda capacidade alguma de resposta. Pelo contrário, se é consistente e firme, prepare-se. Ali onde estiver forte, evite-o.

Se seu opositor tem um temperamento colérico, faça-o cair na provocação. Deixe-o pensar que está debilitado e que dessa forma se torne arrogante.

Se as tropas inimigas estão descansando, obrigue-as a agir.

Se estiverem unidas semeie a dissensão em suas filas.

Ataque o inimigo quando não esteja preparado e surpreenda-o quando não o espere. São essas as chaves da vitória para qualquer estrategista, mas nunca deverá divulgá-las antes da batalha.

VII

Agora, se a estratégia planificada antes do combate prediz a vitória é porque os cálculos que realizou cuidadosamente mostram que suas condições são mais favoráveis do que as do inimigo.

Se indicar derrota é porque os ditos cálculos nos mostram que estamos em inferioridade.

Com uma avaliação metódica, alguém pode vencer; sem ela, é impossível.

Aquele que não trace nem um só cálculo estratégico, apenas terá oportunidades de vitória. Dando verdadeira atenção a esse método, poderá se prever com total segurança quem resultará vencedor e quem será derrotado.

Capítulo II

A Batalha

Sun Tzu disse:

I

Em regra geral todo enfretamento bélico requer mil quadrigas velozes, mil carruagens pesadas protegidas com couro, cem mil soldados armados com couraças e provisões suficientes para manter todo um exército a mil quilômetros de distância; há de se levar em conta os custos da frente e da retaguarda, com os gastos das missões diplomáticas e com os de outros materiais menores como o pagamento e a pintura necessária para a manutenção e o reparo das quadrigas e das armaduras.

Tudo isso supõe um custo diário de mil peças de ouro. Só depois de haver reunido tal soma, torna-se possível pôr em movimento um exército de cem mil homens.

II

A vitória é o objetivo primordial da batalha. Se essa se prolonga durante muito tempo desmotivará suas tropas e embotará sua espada.

Quando seu exército lance seu ataque contra uma cidade, verá consumirem-se suas forças.

Se o mantém em campanha durante um longo período de tempo, os recursos de que disponha seu país não serão suficientes.

No momento em que suas tropas tenham perdido entusiasmo, suas armas se achem desgastadas e as forças e os recursos estejam a ponto de desaparecer, até as nações aliadas aproveitarão sua debilidade para se erguerem contra você.

Por essa razão, ainda que conte com conselheiros sábios, nenhum deles será capaz de mudar seu destino.

Ouvi falar de operações militares que caíram na torpeza e na precipitação, mas nunca vi nenhum experto na arte da guerra que mantivesse uma campanha durante muito tempo. Jamais vi uma batalha cuja duração tenha sido muito prolongada e da qual um país tenha saído beneficiado.

III

Unicamente aqueles que sejam totalmente conscientes dos perigos que representa a utilização das armas poderão ser igualmente conscientes das vantagens de se servir delas.

Um experto em estratégia não põe em pé suas tropas duas vezes, nem necessita dispor de três aprovisionamentos para um mesmo objetivo.

Parte com seus próprios recursos e se abastece com as provisões inimigas, de modo que as necessidades das tropas fiquem completamente cobertas.

Um país se empobrece nas batalhas quando se transportam as provisões a partir de um lugar distante.

Percorrer grandes distâncias para levar o abastecimento traz a ruína para a população. Ao mesmo tempo, a aproximação do exército faz com que os preços se elevem e quando assim sucede, acaba-se com o bem-estar da maioria da população, e é preciso aumentar os impostos.

Com as forças e as riquezas consumidas, as famílias se arruínam e suas economias particulares perdem uma sétima parte de seus ingressos.

De sua parte, os governantes têm que fazer frente aos gastos ocasionados pelas reparações das quadrigas, substituir os cavalos exaustos, renovar cascos, flechas, balestras, lanças, escudos, estacas, bestas de tiro e meios de transporte. Tudo isso soma uma sexta parte da arrecadação.

IV

Em consequência, um general inteligente luta por privar o inimigo de seus recursos.

Cada porção das provisões que tome do seu oponente equivalerá a vinte das que abastece a si mesmo.

E cada cem sacos de forragem inimiga há vinte da própria provisão.

O que extermina o inimigo é a imprudência e a motivação do exército vencedor de obter o "convencimento" dos seus adversários.

Portanto, numa batalha de quadrigas, recebe a recompensa o primeiro que capture dez dos seus rivais.

Mude as bandeiras e as cores inimigas pelas suas, mescle as quadrigas capturadas com as de suas tropas e utilize-as.

Trate bem os soldados apressados e dê-lhes atenção. Isso se chama vencer o adversário e incrementar suas próprias forças.

V

Assim, pois, o mais importante numa operação militar é a vitória e não a persistência. O general que lidere seus exércitos será o mediador do destino do povo, o homem em quem recairá a responsabilidade pela manutenção da paz em uma nação ou o estado de guerra.

Capítulo III

Estratégia Ofensiva

Sun Tzu disse:

I

Na hora de entrar em guerra, é preferível tomar um país intacto a arrasá-lo.

É melhor capturar o exército inimigo do que acabar com ele, tomar como refém um batalhão e preservar uma companhia do que destruí-la.

Portanto, achar a excelência não consiste em vencer em todos os combates; a suprema excelência é alcançada submetendo o inimigo sem levar batalha alguma contra ele.

II

Na guerra tem a máxima importância anular a estratégia inimiga; primeiro romper suas alianças, a seguir, atacar suas tropas e por último, assaltar suas cidades. Mas, este último passo só deve ser dado quando não existir alternativa.

A construção de veículos de assalto e de outros artifícios de assédio exige, no mínimo, um plano de três meses, além de que é preciso contar com outros três meses para amontoar a terra e levantar rampas contra as muralhas inimigas.

Se o general é incapaz de controlar sua impaciência e ordena a suas tropas que assaltem as muralhas como um exército de formigas, perderá um terço dos seus efetivos sem haver tomado a cidade. Este é o desastroso efeito desse tipo de ataque.

III

O líder destro subjuga as tropas inimigas sem combatê-las, toma suas cidades sem necessidade de sitiá-las e derroca seu Estado sem empregar ações militares prolongadas. O propósito deve ser conquistar "tudo o que está sob os céus", sem que sofra nenhum dano.

Desse modo seu exército não será afetado e seu ganho será completo.

É essa a arte da estratégia ofensiva.

O preceito que deve se aplicar na guerra é o seguinte: se é dez vezes superior em número às tropas do seu inimigo, rodeie-o; se a proporção é de cinco a um, ataque-o e se seu exército é o dobro do seu adversário, divida-o.

Se estiver igualado em número, deverá ser capaz de entrar em combate; se suas forças são inferiores, capazes de resistir e se em qualquer caso, o desequilíbrio é insuperável, não lhe resta opção senão bater em retirada.

Portanto, ainda que uma força pequena possa fazer frente mediante uma luta obstinada, finalmente, será apressada pela força maior.

IV

O general é o baluarte do Estado. Se sua sustentação é sólida por completo, o país será poderoso; se apresenta fissuras, será indubitavelmente fraco.

Há três formas pelas quais um governante pode levar a desgraça às suas tropas.

- *Primeiro*, ordenando-lhes avançar ou retroceder, ignorando o fato de que em ambos os casos é impossível fazê-lo.
- *Segundo*, tentando conduzir um exército da mesma forma como se administra um Estado. Isso causa inquietude na mente de seus oficiais.
- *Terceiro*, imiscuindo-se em tarefas que ultrapassam o exercício de suas responsabilidades e desconhecendo seu funcionamento. Isso semeia a dúvida entre suas tropas.

Uma vez que as tropas foram confundidas e perderam a confiança, seguramente os Estados vizinhos tratarão de tirar proveito.

A isso se lhe denomina gerar o caos no próprio exército e afastar qualquer possibilidade de vitória.

V

Há cinco circunstâncias nas quais a vitória pode ser vaticinada.

- *Primeira*, será o vencedor aquele que saiba quando lutar e quando e quando não.
- *Segunda*, será o vencedor aquele que saiba dirigir tanto uma hoste numerosa quanto uma reduzida.
- *Terceira*, será o vencedor aquele que seja capaz de animar seu exército com o mesmo espírito, independentemente das fileiras dos seus homens.
- *Quarta*, será o vencedor aquele que se prepare e aguarde prudentemente um inimigo que não esteja disposto.
- *Quinta*, será vencedor aquele que disponha de destreza militar, e seu soberano não interfira nele.

Levando em conta essas cinco circunstâncias se saberá quem obterá a vitória.

VI

Por isso se diz:

Se conhece o inimigo e se conhece a si mesmo, não deve temer o resultado de cem batalhas. Se não conhece o inimigo, mas se conhece a si mesmo, suas probabilidades de vitória e derrota nivelam-se. Mas se não se conhece nem a si nem ao inimigo, certamente estará em perigo em todas as batalhas que lidere.

Capítulo IV

Táticas de Posicionamento

Sun Tzu disse:

I

Antigamente, os guerreiros mais ágeis faziam-se invencíveis, em primeiro lugar, a si mesmos e depois, aguardavam para descobrir o momento de vulnerabilidade de seus adversários.

O ser invicto depende de si mesmo; da vulnerabilidade do inimigo; por conseguinte aqueles que são versados na arte da guerra podem se tornar invencíveis, mas não está em suas mãos lograr que o inimigo seja vulnerável.

Por isso é que se diz que alguém pode saber como obter a vitória e não obstante, não consegui-la.

II

A invencibilidade reside na defesa; a possibilidade de vitória, no ataque.

Opta pela defesa quando as forças são insuficientes e pelo ataque, quando são abundantes.

Os expertos em defesa ocultam-se sob as mais remotas profundidades da terra, os peritos em ataque movem-se desde as esferas mais elevadas do céu.

Assim, ambos são capazes de se proteger e de alcançar uma completa vitória.

III

Nem vaticinar uma vitória para qualquer homem resulta evidente, nem triunfar na batalha e ser unanimemente aclamado como "experto" implicam possuir a excelência suprema.

Do mesmo modo, tampouco levantar uma pluma é sinal de possuir uma grande força, nem distinguir o sol e a lua, de ter uma visão penetrante, nem ouvir o rumor do trovão, de gozar de um ouvido fino.

Os sábios consideravam como lutador hábil aquele que não só ganhava, mas que também o fazia com facilidade.

Dessa forma, esses guerreiros audazes não engrandeciam sua fama nem por sabedoria nem por seu valor. Obtinham suas vitórias ao não cometer erro algum.

Isso quer dizer que qualquer coisa que fizessem asseguraria sua vitória, já que sempre se confrontavam com um inimigo que já haviam derrotado previamente.

O ensinamento é que o bom estrategista situa-se num terreno onde não pode ser derrotado sem deixar escapar a ocasião de vencer seu inimigo.

Um exército vitorioso vence antes de provocar a batalha; um exército derrotado combate com a esperança de ganhar.

IV

O líder consumado cultiva o Tao, cumpre as leis e adere estritamente ao método e à disciplina e, desta forma, está em suas mãos a obtenção da vitória.

Os elementos que devem ser observados nas táticas de posicionamento são:
- medição;
- valorização;
- cálculo;
- comparação e
- vitória.

> *O terreno dá lugar às medições;*
> *Estas dão lugar às valorizações;*
> *As valorizações, aos cálculos;*
> *E estes às comparações.*

As comparações dão lugar às possibilidades de vitória.

Um exército vitorioso é como um quilo comparado com um grão e um exército derrotado, um grão comparado com um quilo.

Graças às técnicas de posicionamento, o líder vitorioso faz com que seus homens lutem como o efeito de uma grande correnteza de água que, subitamente liberada, precipita-se para o interior de um profundo cânion.

Capítulo V

Força Estratégica

Sun Tzu disse:

I

Dirigir muitos é o mesmo que dirigir poucos, trata-se de uma simples questão de organização.

Lutar com um exército muito numeroso ou com um pequeno é uma questão de estabelecer uma correta comunicação através de sinais e símbolos.

Que as tropas sejam capazes de se sobrepor ao ataque inimigo sem sofrer derrota alguma; consegue-se conjugando forças ordinárias e forças extraordinárias.

Do mesmo modo um esquadrão que é lançado contra o inimigo, como se fosse uma roda de moinho contra grande quantidade de ovos, é um exemplo de um elemento sólido atuando sobre um vazio.

II

Em toda contenda, empregam-se as forças ordinárias para entrar em batalha e as forças extraordinárias para alçar a vitória.

Aquele que é experto no uso do extraordinário dispõe de recursos infinitos como o céu e a terra, inesgotáveis como o caudal dos grandes rios.

Como o movimento do sol e da lua termina e volta a surgir; como as quatro estações, morrem e renascem sem cessar.

Só existem sete notas musicais, mas suas melodias são tão numerosas que nunca se poderão ouvir todas. As cores primárias são só cinco.[1]

---

[1] Quisemos repetir o texto de Sun Tzu, apesar de que na atualidade é universalmente aceito que as cores primárias são três. Já Goethe, em seu livro "Teoria das Cores", de 1810, considerava primárias as cores: vermelha, amarela e azul. Por sua vez, em seu modelo descreve como cores secundárias o verde, o laranja e o arroxeado, porém suas combinações produzem infinitas tonalidades. Assim também os sabores são apenas cinco: amargo, ácido, doce, salgado e umami (a partir das investigações realizadas pelo fisiologista japonês Kikunae Ikeda, no ano de 1908, considerava-se o umami como um quinto sabor. Seu responsável é glutamato monossódico presente em algumas algas e é frequente nos pratos que se preparam na Ásia. Também o Ayurveda, a medicina tradicional da Índia, considera o amargo e o adstringente junto com os quatro clássicos, dentro dos sabores que reconhece nosso paladar.), mas combinados entre si, desencadeiam uma variedade de gostos fora do alcance de qualquer paladar. Deste modo, é como a conjugação entre as forças ordinárias e as forças extraordinárias que produz ilimitadas combinações, muito mais do que qualquer inteligência possa compreender. Ambas as forças geram-se e regeneram-se inesgotavelmente num ciclo sem começo nem fim. Quem pode determinar onde começa uma e acaba a outra?

III

A velocidade da água que flui na corrente consegue arrastar as pedras graças ao seu ímpeto.

O ataque do falcão quebranta o corpo de sua presa graças à sua precisão.

Portanto, a força de um estrategista hábil na arte da guerra é esmagadora e seu ataque preciso.

Sua força é como a de uma catapulta tesa; sua precisão. Como a do mecanismo que a dispara.

IV

Em meio ao tumulto e ao clamor a batalha parece caótica, mas não existe desconcerto algum; as tropas parecem estar dando volta, em círculos, e não obstante não poderão ser derrotadas.

A ordem e a desordem dependem da organização; a coragem e a covardia, das circunstâncias; a força e a debilidade, do caráter.

Assim, quem é hábil movendo seu inimigo, aparenta se encontrar numa situação desfavorável.

Em consequência, o inimigo atuará sem esperar a resposta de um exército organizado e com todas as suas forças reunidas.

V

O líder sagaz encontra a vitória através da força estratégica e não faz recair a responsabilidade sobre seus subordinados.

É capaz de escolher seus homens e de tirar proveito da situação.

Utiliza suas tropas da mesma forma como alguém que faz rodar troncos ou pedras.

A natureza dos troncos e das pedras é tal que em terreno plano se mantêm estáticos e no declive rodam.

Assim, a força estratégica de um exército habilmente dirigido na batalha pode ser comparada a de uma avalanche de pedras que roda desde o alto de uma montanha.

Capítulo VI

Vacuidade e Consistência

Sun Tzu disse:

I

Quem quer que ocupe primeiro o campo de batalha e espere a chegada de seu inimigo estará em repouso; quem chegar mais tarde tenha de entrar de imediato em combate e terá sua força abatida.

É por essa razão pelo que o líder destro na arte da guerra atrai o cenário da contenda a seu inimigo e não se deixa deslocar por ele.

Quem seja capaz de fazer que seu adversário se desloque para onde se deseje, esvaziará sua força e se situará numa posição de vantagem.

Quem de sua parte, logre que seu rival não o faça acudir ao lugar que dispôs, manterá a consistência em suas forças e situará seu inimigo numa posição desfavorável.

Quando o inimigo se encontre com vitalidade, faça-o cair na fadiga; quando esteja bem alimentado; faça-o passar fome; quando esteja em repouso, obrigue-o a atuar.

II

Surpreenda seu inimigo em lugares nos quais deva se apressar a se defender.

Caminhe sutilmente em terrenos onde seu inimigo não espere encontrá-lo.

Que suas tropas percorram mil milhas sem se fatigar; depende de que o faça por lugares que não estejam ocupados por exércitos rivais.

Ter a certeza de que conseguirá tomar a posição que ataque, depende de que o inimigo não a tenha protegido previamente.

Ter a certeza de que seu bastião ficará inexpugnável, depende de que o inimigo não o possa atacar.

Por conseguinte, um estrategista é experto em ataque quando seu rival não sabe o que deve defender e é experto em defesa quando ele não sabe o que atacar.

O guia destro é sutil e discreto até o ponto de se fazer invisível; divinamente misterioso até o ponto de se fazer inaudível.

Converte-se no dono do destino do seu inimigo.

Avança sem encontrar resistência e arremete contra a força vazia do seu adversário; move-se tão suavemente que não pode ser perseguido nem apanhado.

Portanto, quando quiser entrar em combate, inclusive se seu oponente está entrincheirado entre altas muralhas e fossas profundas, não poderá evitar a luta se atacar no lugar a que deve acudir o resgate.

Se, pelo contrário, quer evitar a disputa, poderá se defender colocando armadilhas para desviar sua atenção.

Introduzindo esta mudança estratégica, encherá de incertezas seu inimigo e será incapaz de agredi-lo.

III

Se formos capazes de induzir nosso opoente a mudar de posição e ao mesmo tempo mantermos a nossa, permaneceremos unidos enquanto ele se divide.

Pelo que se nós guardamos a consistência enquanto ele a perde, poderemos usar toda nossa força para atacar uma só parte da sua.

É este o **modo** de ser superior em número ao entrar em combate. Então, se puder atacar alguns poucos soldados com muitos, dizimará a cifra de seus adversários.

IV

Se seu adversário desconhecer o lugar por onde tentamos chegar a ele, haverá de se preparar para defender muitas posições.

E se conseguirmos que isso ocorra, aqueles com os que nos enfrentaremos serão poucos, pois seu exército estará dividido, cobrindo o resto do terreno.

Assim, que se empenhar sua defesa na frente, descuidará de sua retaguarda, e se reforçar a retaguarda, a frente restará debilitada.

Se cobrir seu flanco esquerdo, o direito será um ponto frágil, se cobrir o flanco direito, o esquerdo será mais vulnerável.

E se por último decidir se reforçar em todas as partes, não será consistente em nenhum ponto.

A conclusão é, pois, que quem tiver de reforçar sua defesa contra o inimigo, perderá sua consistência e quem conseguir que o inimigo redobre sua defesa contra ele, ganhará em solidez.

V

Se conhecer o lugar e o momento em que haverá de se deflagrar o combate, as tropas poderão percorrer mil milhas sem nenhum prejuízo para seus homens e se encontrar no campo de batalha com o inimigo.

Mas se não se conhecem nem o lugar nem o momento do confronto, o flanco esquerdo será incapaz de ajudar o direito e o direito, o esquerdo; tampouco o destacamento que esteja à frente poderá socorrer o da retaguarda e vice-versa.

Quanto mais ainda quando as tropas se encontrem separadas por algumas dezenas de milhas ou inclusive por algumas poucas.

Portanto, conforme a minha opinião, ainda que o exército de Yüeh[2] exceda ao nosso em número, isso não lhe outorga nenhuma vantagem para triunfar.

Por mais numeroso que seja o inimigo, podemos vencê-lo, fazendo que não combata.

---

2 O Yue Yi, ministro dos Estados de Zhao e Yan no período dos Reinos Combatentes. Também conhecido como o senhor Guojun.

VI

Analise os planos do seu adversário para determinar que estratégia terá êxito e qual não, provoque-o para compreender o padrão com que realiza seus movimentos, faça que mostre seu posicionamento para averiguar as condições do campo de batalha, ponha-o à prova com o fim de conhecer onde sua força é abundante e onde exígua.

O grau mais elevado na formação militar é se manter com um posicionamento impossível de determinar. Deste modo, conseguindo uma consistência aparentemente vazia em sua forma, nem o mais hábil dos espiões poderá acercar-se, nem o mais sábio dos estrategistas poderá urdir planos contra você.

De acordo com o tipo de formação e a situação no campo de batalha, é possível planificar todas as estratégias para vencer meus inimigos, mas as multidões negam-se a compreender isso.

Ainda que todo o mundo veja o aspecto externo com que logrei minhas vitórias, ninguém sabe como cheguei a obtê-las.

Nunca repito as táticas com as quais consegui vencer meus inimigos, senão que me confronto em circunstâncias numa ilimitada variedade de formas.

VII

O posicionamento militar é como a água, do mesmo modo que a corrente de um rio evita o alto e precipita-se para baixo, a formação do exército evita o consistente e ataca o oco.

E assim como a água adapta sua forma ao terreno, o exército adapta sua estratégia de vitória sobre o inimigo.

De fato, como a água que carece de uma forma permanente, na guerra tampouco há um potencial estratégico inamovível.

Aquele que seja capaz de alçar a vitória, adaptando-se às variações e transformações do adversário, será inescrutável.

Dos cinco elementos não há nenhum que seja predominante, nenhuma das quatro estações dura para sempre; alguns dias são longos e outros curtos e as fases lunares são, às vezes, crescentes e, às vezes, minguantes.

Capítulo VII

Manobras táticas

Sun Tzu disse:

I

Normalmente, quando um país entra em guerra, o general recebe as instruções do seu soberano para que reúna as tropas, mobilize suas forças, faça do seu exército um grupo bem coeso e prepare o acampamento.

Não obstante, nada é mais difícil do que conhecer a arte das manobras táticas.

Sua maior dificuldade consiste em converter o caminho mais sinuoso no mais direto e os obstáculos em vantagens.

Se conseguir que o inimigo vá por uma rota mais longa e difícil, fazendo-o crer que segue o caminho correto, poderá mobilizar suas tropas depois de que tenha iniciado sua marcha, mas, não obstante, chegar antes dele.

Quem seja capaz de aplicar isto, mostrará conhecimento no artifício do ataque direto e do ataque indireto.

Há que levar em consideração que realizar manobras com um exército pode ser igualmente arriscado e vantajoso.

II

Aquele que mobiliza toda sua tropa, buscando alcançar uma posição de vantagem, terá escassas oportunidades de chegar a tempo.

Se, pelo contrário, seleciona um destacamento para tal propósito, terá dizimado o acampamento que antes estabelecera.

Portanto, se ordena que todas as suas tropas caminhem dia e noite sem um descanso, com marchas forçadas e percorrendo cem milhas com o propósito de colocarem-se numa posição vantajosa, todas as suas divisões cairão em mãos do inimigo.

Seus homens mais fortes serão os primeiros a cair, os que estiverem mais esgotados fá-lo-ão a seguir e só uma décima parte do seu exército alcançará seu destino.

Se percorrer cinquenta milhas com o propósito de superar seu adversário, perderá o líder da sua primeira divisão, e só a metade das suas forças chegará à meta.

Se percorrer trinta milhas com o mesmo propósito, chegarão dois terços do seu exército.

Podemos supor, então, que um exército que careça de armamento, que não tenha provisões ou que não disponha de bases de sustentação, estará perdido.

Tampouco, podemos estabelecer alianças até que conheçamos os planos dos Estados limítrofes.

É pouco lógico que mobilizemos um exército a menos que estejamos completamente familiarizados com as condições do terreno: suas montanhas e bosques, seus recifes e precipícios, seus pântanos e lodaçais.

Em suma, não seremos capazes de nos colocar em situação de vantagem a menos que nos utilizemos de guias oriundos do terreno que queremos ocupar.

III

A guerra baseia-se na astúcia. Desloque-se quando resulte vantajoso e crie modificações no seu posicionamento mediante a propagação e a concentração de suas forças.

- Quando estiver em campanha, seja veloz como o vento; quando sua marcha for tranquila, majestoso como um bosque; no ataque, devastador como o fogo; na hora de manter posição, firme como as montanhas. Tão insondável como as nuvens, tão implacável como o trovão.
- Quando saquear um objetivo, divida-o com suas tropas.
- Quando conquistar um território, reparta os benefícios.
- Primeiro, analise as circunstâncias, depois entre em ação.
- Aquele que sabe empregar a arte do ataque direto e indireto alcançará a vitória.
- Tal é a arte das manobras táticas.

IV

O livro da estratégia militar diz:

Quando não pode ouvir-se a voz na batalha, usam-se os sinos e os tambores. Quando não é possível distinguir as tropas, recorre-se às bandeiras e estandartes.

E tanto assim como os tambores e os sinos, as bandeiras e os estandartes, atraem a atenção das tropas. Ao conseguir que todo o exército esteja unido, nem os valentes podem avançar sós, nem os covardes tratar de retroceder. Esta é a arte de dirigir as massas.

No combate noturno, emprega-se muitas tochas e tambores e na batalha diurna, grande quantidade de bandeiras e estandartes com o propósito de estimular a percepção dos homens.

V

Pode-se desmoralizar um exército e desprover de bravura os seus líderes.

Nas primeiras horas da manhã, o ânimo é entusiasta, à medida que transcorre o dia, vai se apagando e ao anoitecer o cansaço torna os pensamentos nostálgicos.

É por isso que os expertos na arte da guerra evitam o inimigo quando seu ânimo está alto e atacam quando se torna indolente e seus soldados estão enfermos.

A isso é chamado de fator de controle anímico.

Com seu posicionamento intacto esperam o inimigo confundido e, calmamente, aguardam que perca sua temperança.

A este outro se lhe denomina o fator de controle mental.

Próximo do lugar de combate aguardam o inimigo que vem de um lugar remoto; em total repouso, um inimigo exausto, com suas tropas saudáveis e bem alimentadas, contra um exército desfalecido.

A este se lhe chama o fator de controle físico.

Os expertos na arte da guerra não se interpõem ao avanço de um inimigo que tem seus homens em milimétrica formação e seus estandartes no alto.

A isto se lhe chama o fator de controle das circunstâncias imprevistas.

VI

De modo que quem dispõe da arte de manejar as tropas considera que se o inimigo ocupa uma posição elevada, é melhor iludir o enfrentamento.

- Se sua retaguarda é coberta por montanhas, não se opor a ele.
- Quando pretenda empreender a fuga, não persegui-lo.
- Não atacar suas divisões de elite.
- Não cair no seu estratagema.
- Não entorpecer sua retirada.
- Não evitar uma via de escape a um inimigo que tenha declarado sua rendição.
- Não instigá-lo se está encurralado. Este é o modo de dirigir um exército.

Capítulo VIII

As Nove Variedades Táticas

Sun Tzu disse:

I

Para mobilizar um exército, usualmente se parte das ordens que o general recebe de seu soberano para reunir e organizar suas tropas.

Há, porém, de se levar em conta as nove variantes que se dão sempre que isso acontece.

Quando se acha num terreno perigoso, é melhor evitar acampar nesse local.

Se for um território de fronteira, procure estabelecer relações diplomáticas com seus aliados. É preferível não permanecer num território árido ou isolado.

Se se trata de um território cerrado, se fará necessário recorrer a uma estratégia que ponha em marcha as tropas.

Se for um terreno mortal, terá que se preparar para lutar.

Há rotas pelas quais não deve se internar: exércitos a não atacar: cidades as quais não assaltar, terrenos que não devem ser disputados e ordens do soberano que não deverão de ser obedecidas.

O general versado nas vantagens de compreender estas nove variantes táticas saberá como dirigir suas tropas.

O general que não o esteja, não será capaz de se beneficiar das vantagens do terreno ainda que esteja muito familiarizado com ele.

Assim, pois, o líder que não saiba aplicar as táticas correspondentes a estas nove variantes, será incapaz de dirigir seu exército de forma efetiva. Não importa que entenda as "cinco vantagens".

II

Por essa razão, as deliberações do estrategista sábio devem ter em consideração tanto os fatores favoráveis quanto os desfavoráveis.

Refletindo sobre os favoráveis, consegue que seu plano seja factível.

Se leva em conta os desfavoráveis, será capaz de resolver as dificuldades.

Aquele que intimida seus rivais o faz infligindo a eles sofrimento. Esgota-os, mantendo-os constantemente em guarda e lança seus homens ao ataque, oferecendo-lhes grandes recompensas.

III

Uma doutrina de guerra inapelável é não assumir jamais que o inimigo não se apresentará à batalha, mas também confiar na própria intuição para encontrá-lo.

Tampouco supor que não atacará, e, em seu lugar, situar-se num local inexpugnável.

IV

Há cinco fatores que previnem do perigo um líder militar:

- A imprudência conduz à destruição.
- A covardia, ao apressamento.
- A cólera, ao orgulho.
- Um delicado sentido de honra, à vergonha.

Uma necessidade imperiosa de seus homens por seu conselho, à preocupação e à impaciência.

Estes cinco traços de personalidade são graves debilidades para um general e põem em perigo qualquer campanha militar.

Quando um exército é abatido e seu líder assassinado, a causa encontra-se quase com total segurança entre estes cinco perigosos fatores. Portanto, façamos deles um motivo constante de reflexão.

Capítulo IX

Mobilização das Tropas

Sun Tzu disse:

I

O mais conveniente na hora de tomar posições para enfrentar o inimigo é atravessar com pressa as montanhas e permanecer junto dos vales.

Acampe em locais altos e levando em conta a luz do sol.

Combata com os declives para baixo e nunca lute com o inimigo acima de você.

Esta é a regra concernente à tomada de posições num terreno montanhoso.

Quando o inimigo que está avançando para seu acampamento cruzar um rio, não o espere à margem. É mais conveniente permitir que a metade de suas tropas tenham cruzado e atacá-los nesse momento.

- Não se confronte com seu adversário junto à água.
- Ocupe um terreno elevado onde haja luz do sol e não se situe rio abaixo.
- Esta é a regra concernente à tomada de posição próxima de um rio.
- As zonas de marisma devem ser cruzadas sem demora.
- Não se entregue em terrenos pantanosos.

Ao se deparar com o inimigo numa superfície deste tipo, deve se colocar de costas a alguma zona arborizada e onde o solo seja mais firme.

- Esta é a regra concernente à tomada de posições nas marismas.

Quando o terreno for plano, ocupe uma posição que lhe facilite pôr-se em movimento.

- Se cobrir sua retaguarda e o flanco direito com zonas mais altas, o campo de batalha ficará frente a você e sua costa estará mais segura.

- Esta é a regra concernente à tomada de posições nas marismas.

Foi assim, graças à posição de vantagem que tomou sobre esses quatro tipos de superfícies, que o Imperador Amarelo[3] venceu os quatro Soberanos.

II

Qualquer exército prefere dispor-se num lugar elevado a um lugar baixo; aprecia mais as zonas ensolaradas e acha-se mais incômodo entre as sombras.

E assim como se sente mais vigoroso quando está bem alimentado, também se sente mais seguro ocupando uma posição firme.

O exército que não sofre enfermidades está destinado a alcançar a vitória.

Quando nos encontramos numa superfície com montículos, colinas, diques ou terraplanagem, não nos resta melhor opção que nos colocar no lugar mais ensolarado, deixando nossa retaguarda e o flanco direito de costas a estes acidentes do terreno.

Estes métodos são os mais vantajosos para nosso exército e nos permitem utilizar a superfície de forma estratégica.

---

3 Seu reinado situa-se entre os anos 2697 e 2597 antes da era cristã.

Quando tenha que atravessar um rio e a correnteza se apresentar de forma violenta, espere a que deságue e baixe o caudal.

Sempre que um terreno apresente barrancos infranqueáveis, locais cerrados, armadilhas e riscos imprevisíveis, gretas e emboscadas naturais, deve abandoná-lo rapidamente e não se aproximar dele.

Mantenha a distância desses lugares e conduza o inimigo para eles, de forma que seus homens fiquem de frente e seu rival os tenha para trás.

Quando tiver de atravessar desfiladeiros perigosos, pântanos e alagados cobertos de junco e plantas aquáticas ou florestas montanhosas cheias de uma densa vegetação, é preciso que tenha o maior cuidado a cada passo que dê, pois esses lugares são propícios para armar emboscadas e ocultar espiões.

Quando o inimigo se encontre ao nosso alcance, mas permaneça numa atitude de calma, é indicativo de que se acha numa posição estratégica.

III

Quando se atira a lutar desde longe, pretenderá que seja você quem se aproxime, já que se sua posição é segura, não desejará despojar-se dessa vantagem.

Quando tenha muitos obstáculos entre o matagal, é muito provável que queira provocar desconcerto.

Se vir moverem-se as árvores, é um sinal de que o inimigo está avançando.

Se as aves alçam voo, é que está preparando uma emboscada.

Se os animais da mata rugem apavorados, é que tenta atacá-lo de surpresa.

Pode estar certo de que um esquadrão armado com carros de combate aproxima-se, quando veja ascender, verticalmente, à grande altura, grandes colunas de pó.

Se subirem horizontalmente e junto do solo, se tratará de um esquadrão de infantaria.

Se alçar em áreas disseminadas, indicará que seu oponente está cortando lenha.

Se, por último, o que se divisa são pequenas nuvens de pó que vão e vem, será porque o inimigo está preparando seu acampamento.

Quando seu rival se aproxime para conversar em atitude submissa ao mesmo tempo que incrementa seus preparativos de guerra, sem nenhuma dúvida avançará.

Quando sua atitude for altaneira enquanto finge o avanço, se baterá em retirada.

Quando mostre uma atitude de desculpa é porque necessita de descanso.

Quando peça uma trégua sem uma justificação clara, estará tramando algo.

Se os carros de combate ligeiro deslocam-se ao longo dos flancos, é porque seu rival está se preparando para o confronto.

Se avançar rapidamente com as tropas em formação de combate, está esperando reforços.

Se a metade das suas hostes avança e a outra se retrai, está sinalizando algo.

Se os seus homens sustentam-se sobre suas armas, é que se encontram famintos.

Se os aguadores bebem antes de chegar ao acampamento, é porque as tropas estão sedentas.

Se o adversário vê um momento propício para atacar e não obstante, não o aproveita, será sinal inequívoco de que está fatigado.

Se os pássaros pousam no acampamento inimigo, é porque já foi abandonado.

Se durante a noite se ouve o clamor no acampamento do seu adversário, significa que os seus homens são as presas do pânico.

Se suas tropas estão desorganizadas, é porque seu general carece de carisma.

Se as bandeiras e os estandartes movem-se constantemente, indica que entre os seus homens existe o desconcerto.

Se seus oficiais são as presas de ataques de ira, é que estão exaustos.

Quando o inimigo alimenta com grão seus cavalos e com carne os soldados e quando além do mais, suas tropas abandonam seus utensílios e não regressam a seu refúgio, é que se encontram em desespero.

Quando as tropas reúnem-se continuamente em pequenos grupos e murmuram entre eles, é porque perderam a confiança em seu líder.

Um indicativo de que o general encontra-se no limite de seus recursos será a maior profusão das recompensas.

Se pelo contrário, multiplicam-se os castigos, é porque o general padece de uma grande angústia.

Se os oficiais tratam inicialmente seus homens com violência, mas logo acabam temendo-os, terão demonstrado uma total incompetência.

Se as tropas inimigas demonstram estar com o ânimo alto e apesar de enfrentarem-se contra você, atrasam o momento de entrarem em combate sem abandonar sua posição, deve estudar o cenário com muito cuidado.

IV

A superioridade numérica não confere vantagem na guerra, assim, pois, não avance, confiando no poder de suas tropas.

Basta que estude corretamente a situação em que se encontre seu inimigo e concentre sua força em capturá-lo. Isto é o essencial.

Aquele que prescinda de ser previsor e desvalorize seu rival será apanhado "sem remédio".

V

Assegure-se de que conseguiu dos seus homens uma lealdade absoluta antes de lhes impor castigos, se não é assim, é bem provável que não lhe rendam obediência.

Quando isto acontece, dificilmente poderá servir-se deles. Portanto, trate-os com correção e imbuta neles o entusiasmo. Não há dúvida de que, assim, a vitória estará assegurada.

Se as ordens que se dão para instruir o exército mostram coerência e rigor, seus homens mostrarão obediência.

Se não é assim, surgirá entre eles a insubordinação.

Quando as ordens são acatadas, sem sombra de dúvida, a relação entre o general e seus homens reside numa confiança mútua.

Capítulo X

O Campo de Batalha

Sun Tzu disse:

I

Levando em conta sua própria natureza, o campo de batalha pode ser acessível, enganoso, ambíguo, apertado, escarpado ou distante.

Pode considerar-se um campo de batalha acessível quando tanto nós quanto o inimigo somos capazes de atravessá-lo com a mesma facilidade.

Neste tipo de superfície, aquele que tome primeiro as posições mais altas e iluminadas e as conecte com suas rotas de provisões poderá lutar com vantagem.

Pode considerar-se um campo de batalha enganoso quando é simples chegar a ele, mas gera dificuldades ao abandoná-lo.

A natureza desta superfície é tal que se o inimigo não estivesse preparado, poderíamos internar-nos nela e dispor de uma opção de vitória.

Pelo contrário, se o inimigo estiver disposto e decidíssemos entabular batalha, não conseguiríamos abatê-lo e nossos homens ficariam apanhados como numa teia de aranha. Desta forma não se obteria benefício algum.

Pode considerar-se um campo de batalha ambíguo quando os benefícios de entrar nele, tanto para nós quanto para nosso rival, são incertos.

A natureza desta superfície é tal, que ainda que o inimigo se ponha numa situação desfavorável, não devemos provocar o enfrentamento.

Só quando tivermos conseguido tirar deste terreno a metade de sua tropa, poderemos atacá-lo com vantagem.

Pode considerar-se um campo de batalha apertado quando devemos bloquear os lugares de passagem e esperar o inimigo.

Se nosso adversário chega primeiro, ocupa esse espaço e obstrui os desfiladeiros, não devemos segui-lo; senão os cercar completamente, então sim, poderemos fazê-lo.

Pode considerar-se um campo de batalha escarpado quando não nos resta opção senão tomar as posições mais altas e ensolaradas e aguardar a chegada do nosso oponente.

Se for ele a chegar primeiro, devemos atraí-lo à nossa posição, afastando-nos desse lugar.

Nunca haveremos de segui-lo.

Pode considerar-se um campo de batalha distante quando a separação entre nossas tropas e as de um inimigo de forças similares é tal que resulta difícil provocar a batalha e atraí-lo à nossa posição.

Estes aspectos são os que definem a natureza do campo de batalha e é de máxima responsabilidade para o general investigar com cuidado especial de qual deles se trata.

II

É só da competência do general que as tropas fujam, insubordinem-se, angustiem-se, desmoronem-se, entreguem-se à anarquia ou caiam na derrota.

Nenhum desses desastres pode ser atribuído a causas naturais.

Um exército empreenderá a fuga se tiver de combater numa proporção de um contra dez.

Um exército se insubordinará quando as tropas forem fortes, mas seus oficiais se mostrem débeis.

Um exército estará dominado pela angústia quando seus oficiais forem fortes e suas tropas inoperantes.

Um exército tombará quando seus oficiais forem iracundos e indisciplinados e quando ao se confrontar com o inimigo, não leve em conta a viabilidade do conflito, nem aguarde as ordens de seus superiores.

Um exército se entregará à anarquia quando seu general for moralmente débil e sua disciplina pouco estrita, quando suas ordens e orientações careçam de brilho, quando não empregue regras consistentes para guiar seus oficiais e homens e quando suas tropas não acatem a formação.

Um exército cairá na derrota quando seu general, incapaz de avaliar o potencial do seu oponente, use um esquadrão pequeno para confrontar-se com um grande, tropas frágeis para atacarem outros fortes ou um equipamento impróprio para conduzir suas forças de choque.

Se prevalecer qualquer dessas seis condições, o exército estará tomando o caminho para ser derrotado. Por essa razão, o general deve dedicar todo o seu esforço a examiná-las cuidadosamente.

III

A configuração do terreno é essencial na determinação do curso da batalha.

Assim, pois, avaliar a situação do inimigo e calcular as distâncias e os graus de irregularidade do terreno até o ponto de que nos façam controlar a vitória são as virtudes do perfeito estrategista.

Aquele que combata com o total conhecimento desses fatores será o indubitável vencedor; aquele que não os tenha em conta será derrotado "sem remédio".

Se a possibilidade de vitória é claramente favorável, mas o soberano ordena não entrar em combate, está na vontade do general decidir o que fazer.

Do mesmo modo, se a possibilidade de vitória é arriscada, mas o soberano ordena liberar a contenda, também o general pode decidir opor-se.

E digo mais, o general que conduza seu exército sem buscar a fama pessoal e ao ordenar a retirada não se preocupe de contornar o castigo, mas que seu único propósito seja proteger seus homens e zelar pelos interesses do seu soberano, será uma peça de incalculável valor para seu Estado.

IV

Um general de tal altura cuidará de seus homens como se fossem bebês de peito e sem dúvida eles marcharão a suas ordens até o mais remoto confim.

Tratá-los-á como se fossem seus mais amados filhos e estarão dispostos a dar suas vidas por ele.

Mas, o general que for indulgente com suas tropas e não for capaz de dirigi-las, de amá-las, será incapaz de fazê-las acatar suas ordens, que não consiga controlá-las e mergulhem no mais profundo caos, só conseguirá converter seus soldados em crianças ressentidas e inúteis para a guerra.

V

Quando o general conhece a capacidade de suas tropas para atacar o inimigo, mas é ignorante da invulnerabilidade de seu rival, reduz à metade suas possibilidades de vitória.

Quando é sabedor da invulnerabilidade de seu inimigo e do potencial de suas tropas, mas não é consciente de que devido à configuração do terreno deveria abster-se de iniciar o ataque, também limitará suas possibilidades de vitória à metade.

Por conseguinte, quando os expertos na arte da guerra examinam cuidadosamente seus atos e não cometem erros, contam com uma ilimitada capacidade de recursos.

Capítulo XI

Os Nove Tipos de Campos de Batalha

Sun Tzu disse:

Na hora de dirigirmos um exército podemos encontrar-nos com nove tipos de campos de batalha: os chamados de divergência, os fronteiriços, os terrenos chave, os que se acham comunicados, os de confluência, os perigosos, os difíceis, os protegidos e os que são mortais.

Quando um senhor feudal combate em seu próprio território contra interesses enfrentados, o está fazendo num terreno de divergência.

Quando faz uma incursão superficial em território inimigo, o está fazendo num terreno fronteiriço.

Quando é vantajoso tanto para ele quanto para seu adversário, trata-se de um terreno chave.

Quando para ambos é igualmente acessível, é um terreno comunicado.

Quando um Estado encontra-se rodeado por outras três nações, seu território é de confluência. Aquele que tome o controle desse tipo de superfície terá o apoio de "tudo o que está sob o céu".

Quando um exército penetra no interior de um território hostil, deixando atrás numerosas cidades inimigas, estará dentro de um terreno certamente perigoso.

Quando um exército atravessa montanhas, bosques ou picos escabrosos, ou marcha através de desfiladeiros, pântanos ou alagadiços, ou por qualquer caminho de percurso abrupto, estará num território de difícil incursão.

Quando um exército adentra um terreno estreito, cuja via de escape é tortuosa e onde um pequeno exército pode atacar a outro muito maior, estará num território protegido.

Quando um exército adentra um terreno em que sua sobrevivência dependa de livrar uma luta desesperada pela vida, terá caído dentro de um campo de batalha mortal.

- Do que se deduz que nunca se há de entrar em combate num campo de batalha de divergência; nunca se deter num território fronteiriço.
- Nunca atacar o inimigo que ocupe um território chave.
- Nunca permitir que as tropas rompam sua formação em territórios comunicados.
- Nos terrenos de confluência, há que optar por estabelecer alianças com os Estados vizinhos.
- Nos que são perigosos, entrar de assalto.
- Nos campos de batalhas difíceis, não cessar na luta.
- Nos territórios protegidos, desenvolver estratégias de combate e no campo de batalha mortal, lutar até o fim.

II

Outrora, os especialistas na Arte da Guerra logravam que para o inimigo que fosse impossível manter comunicadas as tropas dianteiras com sua retaguarda, impediam a colaboração entre suas divisões grandes e pequenas, entorpeciam o resgate das tropas com problemas pelas mais avançadas e evitavam que os superiores e seus subordinados pudessem ajudar-se mutuamente.

Quando as tropas rivais estavam dispersas, evitavam que se reagrupassem; quando mantinham sua formação, obrigavam-nas a se esparramarem.

Aglutinavam suas tropas e as punham em movimento quando a situação era favorável e as detinham quando o perigo as espreitava.

Se alguém me perguntasse: "Que devo fazer para acertá-las com um exército bem organizado que está a ponto de atacar-me?", eu responderia: "Apodere-se de algo que ele deseje e acatará suas exigências".

O essencial na guerra é a presteza.

Aproveite-se da falta de preparo do seu adversário. Conduza suas tropas por rotas imprevisíveis e ataque-o quando menos se espere.

III

Os princípios básicos que podem ser aplicados a uma força invasora são:

- Quanto mais se adentre o território inimigo, mais unidas estarão suas tropas e menos possibilidades terá o defensor de vencê-lo.
- Saqueie as terras mais férteis para assegurar a provisão dos seus homens.
- Ponha muito cuidado ao abastecer suas tropas e procure que não chegue à extenuação.
- Faça que tenham sempre o ânimo alto e preserve suas forças.
- Trace um plano estratégico secreto para mobilizar seu exército.

Se lança seus homens a uma posição de que não possam escapar e inclusive devam ver-se cara a cara com a morte, tenha a certeza de que não fugirão.

Já que, se estão preparadas para a morte, que outra coisa haverá de temer?

Quando os oficiais e os soldados formam uma equipe coesa, lutarão com todas as suas forças.

Numa situação desesperada, não albergarão temor algum; quando não há escapatória, manter-se-ão firmes.

Ao serem impelidos a um território hostil, permanecerão unidos; e ali, onde não haja alternativa, se lançarão ao combate corpo a corpo.

Um exército assim não necessita que seus superiores insistam em seu cuidado.

O general obterá seu apoio total sem ter que pedi-lo, gozará de sua total fidelidade sem mostrar seu afeto, haverá ganhado sua confiança sem impor suas ordens.

Meus soldados não gozam de melhor saúde do que os soldados de outros exércitos e não porque desdenhem as riquezas do mundo; tampouco possuem uma maior expectativa de vida e não porque os distingue a ideia de desfrutar de prolongada longevidade.

O dia em que recebem a ordem de empreender a marcha, as lágrimas dos que estejam sentados empapam suas lapelas e as lágrimas dos que estão tombados resvalam por suas faces.

Mas não lhe reste dúvida de que ao lançá-los a uma situação de risco, desprenderão o valor que tornou imortais a Chuan Chu[4] e a Ts'ao Kuei.

---

4 Chuan Chu recebeu as ordens de Ho Lu Wang de assassinar seu soberano Wang Liao. Utilizou uma adaga que ocultou secretamente no interior de um peixe servido no banquete. Logrou seu feito, mas foi imediatamente deposto do quartel pela guarda real. De sua parte, Ts'ao Kuei logrou por meio de uma ameaça direta ao duque de Ch'i, restituir o território reconquistado ao Estado de Lu.

IV

As tropas lideradas por aquele que é experto na arte da guerra lançam-se ao ataque com a velocidade de resposta de Shuai-Jan[5], a serpente dos montes Ch'ang.[6] Se alguém me perguntasse: Existe um exército capaz de desenvolver uma coordenação instantânea tal? eu responderia: Assim é. Porque ainda que os homens de Estados como Wu Yüeh se desprezem mutuamente, no caso de navegar num barco açoitado pelo vento, se ajudariam do mesmo modo como a mão direita o faz com a esquerda.

Assim, pois, não podemos ficar tranquilos simplesmente porque perdemos nossa cavalgada ou enterramos as rodas dos nossos carros de combate.

O objetivo de dirigir um exército é proporcionar-lhe um nível de valor uniforme e é por meio do apropriado uso do campo de batalha que tanto as forças de choque quanto as regulares podem ser empregadas com o máximo aproveitamento.

---

5 "Shuai-Jan" significa "rápida ou inesperadamente" pelo que não cabe dúvida alguma de que a serpente a que se faz referência deve seu nome à velocidade dos seus movimentos. Nesta passagem o sentido pode aplicar-se totalmente ao desenvolvimento das manobras militares.

6 Estes montes pertencem à atual província de Zhejang; se sofrem uma investida na cabeça, a cauda responde em defesa; se a cauda é agredida, a cabeça reage e quando recebe um embate no centro do corpo, tanto a cabeça quanto a cauda arremetem com ferocidade.

V

É responsabilidade do general que seu ânimo seja sereno, inescrutável, imparcial e com um refinado controle de si mesmo.

Deve ser capaz de manter um absoluto hermetismo na elaboração de sua estratégia, inclusive para seus homens de confiança.

Eliminará as crenças supersticiosas e livrará seu exército de qualquer vacilação, já que não existe nenhum problema verdadeiro até que chegue o momento de se encontrar com a morte.

Assim, pois, o líder excelso altera continuamente seus planos de forma que ninguém possa ter conhecimento das suas intenções.

Levanta seus acampamentos e transita por rotas veladas para que ninguém possa antecipar seu propósito.

Também é responsabilidade do general reunir seus homens e lançá-los para tomar uma posição desesperada.

Guia seu exército a um território hostil e aciona o gatilho; queima suas naves e se desfaz do seu impedimento; urge às suas tropas para que se movam com rapidez como o pastor que dirige o seu rebanho de um lado para outro, sem que ninguém saiba aonde se dirige; acorda um dia para reunir suas tropas para logo cortar o caminho de regresso como se tivesse tirando-lhes a escada que apoia seus pés.

As diferentes medidas que podem aplicar-se aos nove tipos de campos de batalha, as vantagens de utilizar táticas agressivas ou defensivas e as leis fundamentais da natureza humana devem ser estudadas com profunda concentração.

VI

Quem desconheça os planos dos Estados vizinhos, não poderá estabelecer alianças quando necessite; se é totalmente ignorante das características das montanhas, dos bosques, dos desfiladeiros, dos pântanos e alagados não poderá dirigir a marcha do seu exército; se toma uma decisão errada na hora de empregar guias locais, não poderá usar a seu favor as vantagens do terreno.

Um general ignorante, pois, destas três questões, será incapaz de dirigir as tropas de um rei todo poderoso.

VII

Assim, pois, quando um rei ataca uma nação forte, faz o impossível para concentrar a tensão do seu inimigo.

Intimida-o e previne seus aliados de que lhe prestem sua ajuda.

Por esta razão não se confronta contra uma aliança poderosa, nem pretende o apoio de outros Estados.

Confia em si mesmo e em sua habilidade para impor sua autoridade a seu adversário. E é assim como toma as cidades inimigas e derrota seu oponente.

Outorga recompensas sem levar em conta o que se espera; impõe ordens sem considerar o estabelecido.

Somente assim é como pode dirigir-se um exército com se tratasse de um só homem.

Dispõe que seus homens se ocupem de suas tarefas sem fazê-los conhecer seus desígnios; dirige-os a um empreendimento que é benéfico para seu exército sem lhes revelar os perigos que podem vir implícitos.

Projeta-os a um entorno de perigo e logra que sobrevivam; coloca-os num campo de batalha mortal, sabedor de que sairão airosos de lá, já que quando leva seu exército a uma situação tal, é capaz de se sobrepor de uma derrota segura e arrebatar o triunfo do seu oponente.

O ponto essencial numa operação militar reside em fingir que o inimigo está se submetendo a seus próprios desígnios.

Concentre suas forças contra o inimigo e assim poderá aniquilar seu general a uma distância de mil milhas. É assim como se descreve a habilidade de alcançar o objetivo de uma forma engenhosa e astuta.

VIII

O dia em que seja declarada a guerra cerre as fronteiras, rescinda os salvo-condutos, rompa as relações com os emissários inimigos e persuada o conselho de sábios de que execute o plano acordado.

Quando o inimigo lhe conceda uma oportunidade, aproveite-a rapidamente para se situar numa posição de vantagem.

Antecipe-se a ele, acautelando-se de algo que lhe seja imprescindível e ponha em marca conforme a data secretamente fixada.

A doutrina da guerra é seguir em todo momento a situação do inimigo a fim de decidir quando entrar em combate. Assim, pois, de início, seja tímido como uma donzela e quando o inimigo se descuide, veloz como a lebre. Empregando este sistema, será incapaz de resistir a seu ataque.

# Capítulo XII

O Ataque com Fogo

Sun Tzu disse:

I

Há cinco modalidades de ataque com fogo: o primeiro é queimar os homens, o segundo é queimar as provisões, o terceiro é queimar o equipamento, o quarto é queimar os arsenais e o quinto é usar bombas incendiárias.

Não obstante, para poder empregar esses elementos no combate é necessário empregar certos meios; devemos ter sempre à mão o material preciso para acender o fogo.

Ha momentos mais adequados e dias propícios para iniciar um incêndio.

Esses momentos são aqueles em que o clima é abrasadoramente caloroso, enquanto que os dias propícios são aqueles em que se acha a lua sob a influência das constelações de Sagitário, Pégaso, Cráter e Córvus, já que é então quando se alçam os ventos mais fortes.

II

Esse tipo de ataque com fogo exige que saibamos responder a cada possível situação.

Quando o fogo se propague no acampamento inimigo, coordene sua ação no exterior.

Mas se as tropas do seu rival mantêm-se em calma, aguarde ao lançar seu ataque até que as chamas alcancem grande altura e se possível, então ataque.

Se não é assim, espere.

Se puder provocar um incêndio no exterior do acampamento inimigo, não é necessário que aguarde até que se propague no seu interior.

Faça-os sempre no momento mais propício.

Quando o fogo se propaga com a ação do vento, não ataque em sentido contrário.

Quando o vento sopre durante o dia, cessará ao cair da noite.

Do que se conclui que o exército deverá conhecer as cinco situações diferentes de ataque com fogo e estar em constante vigilância.

Os estrategistas que utilizam o fogo para fazer o seu ataque mais certeiro demonstram sua inteligência; os que provocam inundações, seu poderio.

Não obstante, ainda que a água possa isolar o inimigo, não destrói suas provisões e seu armamento.

III

De modo que, se se alcança a vitória, mas se falha na consecução desses objetivos, seria um imperdoável e inútil atraso em nossa estratégia.

Mais ainda, dizem que os governantes iluminados deliberam sobre a forma de se alcançar a vitória, mas os bons generais tiram o maior proveito dela.

Se não é pelo bom interesse do Estado, não atue.

Se não pode vencer, não mobilize suas tropas.

Se não está em perigo, não lute.

Um soberano não pode se permitir o luxo de lançar seu exército à batalha por um arrebatamento de ira, assim como um general tampouco pode fazê-lo por ressentimento.

Já que um homem enquanto sofreu um arrebatamento de ira pode voltar a conhecer a serena felicidade e um homem ressentido sentir-se de novo satisfeito, um Estado que foi vencido não pode restaurar seu reinado, nem aqueles que estejam mortos, serem devolvidos à vida.

Portanto, o dirigente virtuoso é prudente, e o general versado na arte da guerra cuida-se de não cair na precipitação.

É assim como o Estado e o exército ficam sob a segurança e a proteção do seu regente.

Capítulo XIII

Inteligência e Espionagem

SunTzu disse:

I

Uma operação militar que comporte uma mobilização de cem mil homens num campo distante acarreará gastos de mil peças de ouro ao dia que terão de ser cobertos com o esforço do povo e do tesouro real.

A comoção ocasionada sofrerá tanto no exterior quanto no interior da nação.

A gente ficará exausta pelos requerimentos de transporte e a vida de setecentas mil famílias se verá alterada.

Quem enfrenta seu inimigo durante anos a fim de conseguir a vitória de uma batalha decisiva, movido por seu orgulho, honra e um saque de algumas peças de ouro, é totalmente alheio à situação de seu inimigo e se acha completamente desprovido de humanidade.

Um homem assim não é um verdadeiro general, não apoia seu soberano e não se encontrará nunca com a vitória.

A razão pela qual o príncipe sábio e o general versado na arte da guerra conquistam seu inimigo sempre que lhe propõem e seus resultados superam aos dos homens normais é pela sua capacidade de previsão.

O que chamo previsão não é algo que se obtém por intermédio dos espíritos ou dos deuses, nem que se calcule por analogia com eventos passados ou por hipóteses e suposições.

É uma conclusão a que só podem chegar aqueles homens que conhecem a verdadeira situação do seu inimigo.

II

Na guerra podem empregar-se cinco classes de informantes ou espiões: os agentes nativos, os infiltrados, os agentes duplos, os imprescindíveis e os vitais.

Quando esses cinco tipos de agentes secretos trabalham todos simultaneamente sem que nenhum deles saiba qual é seu modus operandi, são conhecidos como "a meada divina" e constituem a joia mais preciosa do reino.

Os agentes nativos são pessoas oriundas do lugar que se quer ocupar e portanto, inimigos que se passam para nosso lado; os agentes infiltrados são oficiais inimigos; também os agentes duplos são espiões inimigos que recrutamos em nossas filas.

Os agentes prescindíveis são aqueles aos que deliberadamente se lhes dá informação falsa para que se a transmita ao nosso inimigo; os agentes vitais são os que regressam das filas inimigas com informação transcendental para nosso propósito.

III

Há de se levar em conta que de todos os homens que conformem um exército, nenhum deve estar mais próximo dos oficiais de maior escalão do que o agente secreto.

Não há ninguém que deva receber maiores recompensas, nem há assunto mais confidencial do que o que concerne às operações secretas.

O que não seja inteligente e sábio, humano e justo não pode usar agentes secretos.

Tampouco pode obter a verdade deles aquele que não seja delicado e sutil. Sumamente delicado! Extremamente delicado!

Não há lugar onde não se utilize a espionagem.

Se os planos que elaborou em relação às operações secretas são divulgados prematuramente, o espião e todos os seus confidentes devem ser eliminados.

IV

Para atacar um exército, ocupar uma cidade ou eliminar algum homem, devem ser conhecidos os nomes do comando de guarnição, do corpo de oficiais, dos assistentes, dos guardiões e dos guarda-costas.

Por essa razão devem instruir seus espiões para que logrem averiguar até o mínimo detalhe dessas questões.

É essencial descobrir agentes inimigos que tenham exercido a espionagem contra você e subordinados para que seja a você a quem sirvam. Dê-lhes as instruções pertinentes e trate-os com cuidado.

É assim como os agentes duplos são recrutados e utilizados para nosso propósito e graças à informação obtida por esses agentes duplos, podemos identificar e contratar espiões nativos e infiltrados.

Por meio dos agentes prescindíveis, que estão providos de informação falsa, podemos enganar nosso inimigo.

Os agentes vitais haverão de ser utilizados no momento propício.

O soberano haverá de ter completo conhecimento das atividades desses cinco tipos de espiões.

A informação virá dada principalmente pelos agentes duplos, daí que sejam esses os que devam ser tratados com a maior generosidade.

V

Sabe-se que o auge dos Yin foi graças a Chih, que anteriormente serviu aos Hsia e que os Chou ascenderam ao poder pela mediação de Lu Yu, anteriormente nas filas dos Yin.[7]

Assim, pois, só um soberano dotado de iluminação e um general que saiba estar à sua altura são capazes de usar os homens mais inteligentes como espiões e podem ter a certeza de alcançar grandes objetivos. As operações secretas são essenciais na guerra e delas depende em grande medida a pluralidade do exército.

---

[7] Muitos dos comentadores de A Arte da Guerra sentiram-se insultados ao verem como Sun Tzu qualificava esses homens como espiões, mas parece claro que de fato o foram.